BEI GRIN MACHT SICH IHR WISSEN BEZAHLT

AF131171

- Wir veröffentlichen Ihre Hausarbeit,
  Bachelor- und Masterarbeit

- Ihr eigenes eBook und Buch -
  weltweit in allen wichtigen Shops

- Verdienen Sie an jedem Verkauf

Jetzt bei www.GRIN.com hochladen und kostenlos publizieren

GRIN

Bibliografische Information der Deutschen Nationalbibliothek:

Die Deutsche Bibliothek verzeichnet diese Publikation in der Deutschen National-
bibliografie; detaillierte bibliografische Daten sind im Internet über http://dnb.d-
nb.de/ abrufbar.

Impressum:

Copyright © 2015 GRIN Verlag, Open Publishing GmbH
Druck und Bindung: Books on Demand GmbH, Norderstedt Germany
ISBN: 978-3-668-02763-3

Dieses Buch bei GRIN:

http://www.grin.com/de/e-book/304053/veraenderungen-der-politischen-kommu-
nikation-durch-twitter-facebook-und

Andreas Stegmann

Veränderungen der politischen Kommunikation durch Twitter, Facebook und Co.

GRIN Verlag

GRIN - Your knowledge has value

Der GRIN Verlag publiziert seit 1998 wissenschaftliche Arbeiten von Studenten, Hochschullehrern und anderen Akademikern als eBook und gedrucktes Buch. Die Verlagswebsite www.grin.com ist die ideale Plattform zur Veröffentlichung von Hausarbeiten, Abschlussarbeiten, wissenschaftlichen Aufsätzen, Dissertationen und Fachbüchern.

Besuchen Sie uns im Internet:

http://www.grin.com/

http://www.facebook.com/grincom

http://www.twitter.com/grin_com

Inhaltsverzeichnis

1. Einleitung

1.1 Fragestellung und Bearbeitungskontext

Die gängigen Massenmedien, wie Rundfunk und Fernsehen, dienen seit einem halben Jahrhundert als Kommunikationsrohr zwischen den Bürgern und deren politischen Vertretern, den Politikern. Die politische Meinungsbildung und Öffentlichkeitsarbeit ist eine der zentralen Aufgaben der Parteien im demokratischen System. Laut Artikel 21 des Grundgesetztes wirken sie an der Meinungsbildung der Bürger und an deren Befähigung zur Mündigkeit mit - ein Prozess, der lange Zeit durch gängige Massenmedien wie das Fernsehen, Rundfunk oder die Zeitungen als vermittelndes Medium vollzogen wurde. Als Folge der zunehmenden Mediatisierung wird in Anlehnung an den Begriff der Demokratie nicht selten die Bezeichnung „Mediokratie" gewählt und die Liste der Neologismen ließe sich noch beliebig weiterführen. In diversen politischen Diskursen ist im Kontext der Medienlandschaft darüber hinaus auch die Rede von einer *„vierten Gewalt"*, welche neben der eigentlichen dreigliedrigen Gewaltenteilung aus Judikative, Exekutive und Legislative einen immensen Einfluss auf die Bürger und Wähler ausübt. Alle diese begrifflichen Würdigungen sind der Tatsache geschuldet, dass die Medien eine der wichtigsten demokratischen Funktionen besitzen, da sie ein Bindeglied darstellen, welches von essentieller Bedeutung für den Informationsfluss ist. Allerdings lässt sich innerhalb der politischen Kommunikation und Interaktion in den letzten Jahren eine Veränderung beobachten, welche maßgeblich durch die Innovation des Internets zustande gekommen ist. Soziale Netzwerke, Messengerportale, Bloggs und Chats bieten eine ideale Plattform zur Selbstinszenierung und stellen darüber hinaus ein Podium für politische Debatten dar. Das *Web 2.0* oder auch oftmals *Social Web* genannt hat Potenzial zum zukünftigen Austragungsort politischer Debatten zu avancieren. Viele Sympathisanten sehen darin die Reinkarnation des politischen Dialogs zwischen mündigem Bürger und interessiertem Politiker, welcher ganz im Sinne einer streitbaren Demokratie unerlässlich für eine gesunde Kommunikation zwischen der Politik und den Bürgern ist.

Spätestens seit der Facebook-Revolution in Ägypten, den Unruhen in Tunesien und Bali oder den zahlreichen Verbotsversuchen der Netzwerke Twitter und Facebook in der Türkei und anderen Staaten lässt sich das politische Potenzial, welches sich hinter diesen Plattformen verbirgt, erahnen.

In der vorliegenden Hausarbeit werde ich der Frage nachgehen, inwiefern sich die politische Kommunikation und Interaktion durch neue Medien und soziale Netzwerke, wie Twitter und Facebook, verändert hat. Dieser Wandel soll anhand eines Vergleichs zwischen der Darstellung früherer politischer Kommunikation und der des status quos erfolgen. Dabei soll zunächst skizziert werden, wie die Politik ihre Kommunikation vor der Kommerzialisierung des Internets gestaltet hat. Die impliziert den zeitlichen Bearbeitungskontext von 1945 bis etwa 1995. Darauf aufbauend kann anschließend der Vergleich mit der anherrschenden Kommunikationssituation gezogen werden. Im Anschluss an die terminologischen Abgrenzungen und die theoretische Grundlage der Arbeit sollen dann *Posts und Tweets* aus sozialen Netzwerken unter Berücksichtigung eines erweiterten Kommunikationsbegriffs analysiert werden. Neben der Frage, welche substanziellen Veränderungen sich durch das Internet in der politischen Kommunikation ergeben haben, stellt sich darüber hinaus die Frage, welches soziale Netzwerk sich eher für die politische Kommunikation eignet. Insgesamt sind die zu erwartenden Ergebnisse jedoch bloß vorläufig und erheben keinerlei Anspruch auf allgemeine Gültigkeit. Diese ist insbesondere auf Grund des geringen Umfangs der analysierten Posts nicht hinreichend zu gewährleisten, da bei einer Analyse von 10 Facebook-Accounts und 10 Twitter-Accounts keine gesamtgesellschaftliche oder politische Repräsentanz zu erwarten ist.

Hinsichtlich der Veränderungen im demokratisch-politischen Dialog und der dort anherrschenden Kommunikation und Interaktion lassen sich zwei vorläufige Thesen formulieren, welche im Anschluss an die Analyse verifiziert oder neu evaluiert werden sollen.

1. These: Es ist davon auszugehen, dass die medialen Einflüsse des Internets und der sozialen Netzwerke die politische Kommunikation maßgeblich verändern können. Diese Änderungen manifestieren sich vor allem in der direkten politischen Diskussion und Interaktion, insbesondere bei öffentlich[1] einzusehenden Diskussionen auf den Plattformen. Die Interaktions- und Antwortmechanismen der sozialen Netzwerke haben die politische Beteiligung an öffentlichen Dialogen zusehends gesteigert. Die Partizipation einer gesamtgesellschaftlich repräsentativen Masse hat sich dabei, vor allem durch die ausbleibende räumliche und zeitliche Distanz, maßgeblich verbessert. Diese Änderungen manifestieren sich unabhängig von Alter und Geschlecht der Bürger.

2. Twitter und Facebook eignen sich hinsichtlich der parteipolitischen PR und der personalzentrierten Inszenierung und Wahlkampfführung beide gleichermaßen. Die Unterschiede zwischen den beiden Netzwerken basieren weitestgehend auf technischer Ebene, weshalb keine Einflüsse auf die Kommunikations- und Informationsvorgänge zu erwarten sind, welche den Wahlkampf maßgeblich bestimmen.

---

[1] Öffentlich bezieht sich in diesem Kontext auf die Einstellung bei Facebook, welche Beiträge in die Kategorien: „öffentlich, geheim, nur Freunde" unterteilt.

Die 1. These rechtfertigt sich durch die Annahme, dass eine Überwindung räumlicher Distanz, welche im Internet nicht notwendig ist, einen begünstigenden Einfluss auf die politische Kommunikation ausübt. Insgesamt entsteht durch das Social Web eine dauerpräsente Plattform, die mit einer Podiumsdiskussion verglichen werden kann, wobei die Teilnehmer nicht zwingend physisch anwesend sein müssen. Das logistisch aufwändige Zusammentreffen, welches zuvor für einen öffentlichen und verbalen Schlagabtausch zwischen Politikern notwendig war, ist nicht länger erforderlich.

Die 2. These begründet sich durch die Vermutung, dass die technischen Unterschiede zwischen den beiden Plattformen nicht substanziell genug sind, um eine wirkliche Differenz in der politischen Kommunikation zu bewirken.

1.2 Begriffliche Abgrenzungen und zeitgeschichtlicher Hintergrund

1.2.1 Politische Kommunikation zwischen 1945-1995

Im Folgenden soll eine kurze Darstellung der politischen Kommunikation vor der Kommerzialisierung und Massenverbreitung des Internets erfolgen. Da das Internet ab Mitte der Neunziger Jahre des vergangenen Jahrhunderts zunehmend an Popularität gewonnen hat und 1998 erstmals im deutschen Wahlkampf verwendet wurde, soll der Betrachtungszeitraum auf die Zeitdauer von 1945-1990 beschränkt werden. Vorab sei gesagt, dass auch in diesen Dekaden schon politische Kommunikation mit massenmedialen Vermittlungsinstanzen betrieben wurde, welche sich jedoch in ihren Partizipationsmöglichkeiten deutlich von der internetbasierten PR-Arbeit unterscheidet. Nach dem Ende des Zweiten Weltkrieges lassen sich in der politischen Kommunikation einige Modernisierungstendenzen erkennen, welche in starkem Kontrast zur vorherigen Gleichschaltung der nationalsozialistischen Ideologie stehen. Nachdem die Epoche des Dritten Reiches als Epoche der Einparteien-Herrschaft verstanden werden kann, profilierten sich in den Jahrzehnten nach Beendigung des Krieges zunehmend mehr Parteien in der demokratischen Landschaft Deutschlands, weshalb auch oftmals vom *Goldenen Zeitalter der Parteien* die Rede ist (Rhomberg, 2010:56). Aus technischer Perspektive wurde die politische Kommunikation dieser Zeit maßgeblich durch die *Parteizeitungen* vorangetrieben. Insgesamt entstand dadurch jedoch keine demokratische Form der Öffentlichkeit, da durch die parteiideologisch-programmatischen Zeitungen jeweils einseitige und asymmetrische Informationspolitik betrieben wurde. Als Konsequenz dessen herrschten viele parteipolitisch abgegrenzte Subkulturen, zwischen denen kaum Einigkeit herrschte. Eine Zusammenführung des bis dato separierten Publikums kam durch die großflächige Verbreitung des Fernsehers als Massenmedium zustande. Fortan war dieser die

4

„*zentrale Plattform massenmedialer Politikvermittlung*" (vgl. Rhomberg, 2010:57), weshalb nach dem Medium eine eigene Dekade in der Klassifizierung der politischen Kommunikation benannt wird. Darüber hinaus löste die Erfindung und Verbreitung des Fernsehers als unmittelbare Konsequenz den Rückzug der Parteipresse aus, welche dadurch fast ihre gesamten politischen Einflussmöglichkeiten verlor. Das Fernsehen weist insgesamt einige nennenswerte Vorteile gegenüber der rein schriftlichen Berichterstattung der Zeitungen auf, welche die mediale Verdrängung begünstigt haben könnten und insbesondere unter Berücksichtigung der damals anherrschenden technischen Möglichkeiten einen revolutionären Eindruck auf die Rezipienten gehabt haben müssen. Zu diesen Besonderheiten gehören insbesondere: die Darstellung moderner Präsentationsweisen, die Visualisierung der Politik im Gesamten und einer Personalisierung der Politik, welche mit einer personalisierten Konfliktinszenierung einhergeht (Rhomberg, 2010: 57). Generell lässt sich in diesen Aspekten erstmals die tendenzielle Entwicklung zum *Politainment* erkennen, was die Zusammenführung aus Politik und Unterhaltungskultur impliziert und in der Epoche des Internets noch weiter vorangetrieben wird.

Im Anschluss an das Zeitalter des Fernsehers als politisches Hauptmedium lässt sich ein genereller Wandel zur *Mediengesellschaft* verzeichnen. Die politische Kommunikation kann nunmehr durch viele vermittelnde Medien wie das Fernsehen oder Radio vollzogen werden. Dadurch ist es zu einer Multiplikation gekommen, welche den Umfang der politischen Berichterstattung signifikant erhöht hat, da diverse neue Anbieter den Absatzmarkt betreten haben (Rhomberg, 2010:59). Eine weitere Ergänzung und Potenzierung der medialen Multiplikation wurde durch die großflächige und kostengünstige Verbreitung des Internets initiiert, welche das Spektrum der Massenmedien erweitert hat. Dieser Innovation soll im nächsten Abschnitt Rechenschaft getragen werden. Vorab bleibt jedoch zu erwähnen, dass der Fernseher als Medium durch die Erfindung des Internets keine Fluktuation an Nutzern erfahren hat, wie es bei der Parteipresse zu beobachten war. Die Ursache dafür liegt vermutlich in der großen Schnittmenge der Gemeinsamkeiten zwischen Fernsehen und Internet, welche sowohl auf audiovisueller Ebene als auch hinsichtlich der gesamtgesellschaftlichen Verbreitung bestehen. Grundsätzlich ermöglicht das Internet zwar mittlerweile die gleichen Möglichkeiten zur Informationsbeschaffung wie das Fernsehen und kann darüber hinaus sogar noch weitere Optionen offerieren. Ungeachtet dessen ist momentan jedoch eher eine Tendenz zur Koexistenz oder Synergiebildung zwischen den beiden Medien zu erkennen.

Insgesamt ist der Rezipient durch die Etablierung des Internets als kommunikatives Medium in seiner potenziellen Rolle vom reinen Rezipienten zum aktiv Mitwirkenden avanciert.

1.2.2 Web 2.0 & Social Web

Es besteht eine enorme Vielfalt an Begriffen, die allesamt den Versuch unternehmen, eine erweiterte Definition des Wortes Internet, auch unter Berücksichtigung der Wichtigkeit der sozialen Netzwerke und Interaktionsmechanismen, zu formulieren. Ungeachtet der Tatsache, dass schon das *Web 1.0* in den 1990er Jahren die Komponenten der E-Mail-, Chat- und Blog-Kommunikation beinhaltet hat, besteht ein vielverbreitetes Bedürfnis, das Internet seit Beginn der New-Economy neu zu titulieren. Die Begriffe *Social Web, Web 2.0 oder Social Software*, welche sich noch weiter ergänzen ließen, weisen jedoch alle samt ihre spezifischen und terminologischen Stärken und Schwächen auf. Im Bearbeitungskontext der vorliegenden Hausarbeit soll der begrifflichen Erläuterung jedoch mit der Abgrenzung des Terminus *Social Web vom Web 2.0* genüge getan sein. Die Bezeichnung Social Web eignet sich vor allem deshalb sehr passend für den Anwendungsbereich dieser Hausarbeit, weil der Ausdruck im Gegensatz zum Web 2.0 die *informationstechnologische Perspektive* in den Hintergrund rückt, dafür eher die Nutzungspraxen der Anwender in den Vordergrund stellt, welche aus kommunikationsanalytischer Perspektive eher von Interesse sind (Trimm, 2011:12). Catja Trimm beschreibt das Social Web als ein ambivalentes Gebilde, deren eine Komponente die Interaktionen ermöglichende Infrastruktur ist und deren andere Komponente die Schaffung eines Interaktionsraumes ist.[2] Darüber hinaus lassen sich einige Tendenzen erkennen, in welchen Lebensbereichen die Veränderungen durch das Social Web besonders signifikant in Erscheinung treten. Grundsätzlich lässt sich diesbezüglich die Beobachtung formulieren, dass die multiplen Anwendungsformen des Social Web diverse staatliche Institutionen und anderen Gesellschaftsstrukturen tangieren. So werden beispielsweise soziale Kontakte gestützt und gepflegt (Maurer/Alpar/Noll 2008) und neue Geschäfts -und Privatkontakte geknüpft (Wirtz, 2011). Zudem weist Thimm (2011) auf eine tendenzielle Mediatisierung von Privatpersonen und Institutionen hin, deren Höhepunkt noch nicht erreicht ist. Darüber hinaus werden in diesem Kontext des Öfteren die sozialen Umbrüche der vergangenen Jahre angesprochen, welche bewiesen haben, dass totalitäre Regime durch die organisatorischen Funktionen der sozialen Netzwerke übergangen werden können. Die dadurch entstandenen Bürgerinitiativen mündeten nicht selten in sozialen Revolutionen und hatten teilweise, wenn auch nur zeitweise, einen demokratischen Wandel zur Folge, der nicht zuletzt auch den neuen Medien geschuldet war. Als Folge dessen wird in der Modellierung des Internets als Strukturmodell ein besonderer Fokus auf den Aspekt des *„policy development"* gelegt, welches die politisch-organisationellen Elemente des Web impliziert (Thimm,

---

[2] Diesbezüglich wird oftmals kritisiert, dass das Social Web keinen Raum erzeugt, sondern vielmehr der Raum selbst ist (Bächle, 2011:53).

2011: 27). Grundsätzlich scheint die Mediatisierung der Politik ein äußerst interessantes Phänomen zu sein, da sich diesbezüglich eine unglaubliche Vielfalt an Fachbüchern angehäuft hat. Obgleich diese „Den modernen Wahlkampf" (Altendorf/Wiedemann/Mayer, 2002), die „Mediennutzung und politische Sozialisation" (Kuhn, 2001), die „Öffentlichkeit und Gegenöffentlichkeit im Internet" (Plake/Jansen/Schuhmacher, 2002), das „Mediensystem der Bundesrepublik Deutschland" (Altendorfer, 2002) oder „die politische Kommunikation in der Mediengesellschaft" (Jarren/ Donges, 2002) untersuchen, so befassen sie sich alle mehr oder minder mit den Grenzen und Möglichkeiten des Einflusses der modernen Medien auf die Politik und umgekehrt. Die Liste der Bücher ließe sich beliebig ergänzen, wenngleich die gesamte Aufzählung nur der Illustration der Menge an Forschungsbeiträgen dienen soll.

Nachdem nun hinreichend geklärt sein sollte, dass das Social Web sowohl das menschliche Miteinander als auch das virtuelle stark verändert hat, soll nun der Frage nachgegangen werden, weshalb gerade das Internet so ideal für substanzielle Änderungen in diesen Bereichen geeignet ist. In manchen Artikeln wird im Kontext des Social Web auch die Bezeichnung *Ökosystem Internet* gewählt. Daraus ergibt sich, dass das Internet ein *„sozialer Raum ist, welcher durch Interaktion, Kommunikation, Emotion und dem Ausdifferenzieren von persönlicher Nähe und Differenz"* gekennzeichnet ist (Thimm, 2011:29). Ferner muss darauf verwiesen werden, dass durch die webbasierte Kommunikation problemlos lokale und temporäre Differenzen überwunden werden können und demnach eine unkomplizierte Echtzeitkommunikation ermöglicht wird. Ein hoher Stellenwert in der Modellierung des Internets als Ökosystem ist der Aspekt *Governance,* welcher die Regulierung und Selektion innerhalb des Social Web impliziert (Thimm 2011:27). Darin bestehen insgesamt potenzielle Gefahren und Nachteile für eine Demokratie, da nunmehr eine stärkere Selektion und Überprüfung vorgenommen werden kann, welche zeitweise sicherlich nützlich ist, allerdings auch missbraucht werden kann. Grundsätzlich hat die Konzeption der *Sozialen Netzwerke* substanzielle Auswirkungen auf die moderne PR der Parteienlandschaft und die demokratische Meinungsbildung im Gesamten. So ist davon auszugehen, dass sich das klassische Produktions- und Vertriebskonzept konventioneller Massenmedien, das *Top-Down-Modell,* langfristig nicht gegen ein *Bottom-Up-Modell,* wie es in Twitter und Co. praktiziert wird, durchsetzen kann. Das anherrschende Meinungsmonopol der Massenmedien erfährt dadurch eine starke Konkurrenz, da nunmehr eine Partizipation vieler Blogger und Internetnutzer möglich wird.

1.2.3 Twitter - Elemente der dialogischen Interaktion

Für den Kontext der vorliegenden Hausarbeit soll der Fokus der Deskription sozialer Netzwerke auf Twitter und Facebook liegen, da diese beiden Plattformen unterschiedliche Kommunikationsstrukturen aufweisen und global die größte Popularität genießen. Twitter ist per Definition ein:

„webbasierter kostenloser Microbloggingdienst, der sich durch eine technische Simplizität und daraus resultierenden vielfältigen - auch mobilen - Verwendungsmöglichkeiten auszeichnet, sowie in 140 Zeichen mit spezifischen Kommunikationselementen eine Echtzeitkommunikation und Verbindung global verteilter Menschen [...] ermöglicht" (Zalkau, 2011:170).

Darüber hinaus ist Twitter ein Dienst, der den *One-to-many-Kommunikationsformen* zuzuordnen ist, da die Tweets, in der Regel und sofern nicht ausdrücklich unterbunden, alle Mitglieder der Plattform erreichen und sogar von Nichtregistrierten via Google gefunden werden können. Dies spricht insbesondere für die Funktion des Dienstes als Wahlkampfelement, da somit ein großes Publikum erreicht werden kann. Generell richtet sich der Twitterer einen personalisierten Account ein, der fortan als Repräsentanz seiner realen Persönlichkeit fungieren soll. Die Popularität eines solchen Accounts misst sich an der Anzahl der Abonnenten oder Follower. Diese Zahl ist ein verlässlicher Indikator, der auch sehr hilfreich bei der Auswertung der Reichweite der jeweiligen Tweets verwendet werden kann und sich somit als Evaluationselement zur Auswertung der Wahlkampfkampagnen eignet.

Die einfachen Tweets sind durch die Charakteristika einer Limitation auf 140 Zeichen und der thematischen Einordnung durch das Symbol „#" gekennzeichnet und können so leichter wiedergefunden und zugeordnet werden. Dies ist vor allem wegen der chronologischen Anordnung der Tweets besonders wichtig, da andernfalls kaum Orientierungspunkte vorhanden sind, um einer fortlaufenden Diskussion folgen zu können. Der folgende Screenshot soll einen stereotypen, simplen Tweet in seiner Beschaffenheit und in den eben genannten Charakteristiken darstellen:

(Quelle: Eigene Screenshots, Twitter-Account: Angela Merkel.)

Innerhalb der Twitterkommunikation kann darüber hinaus zwischen *vier funktional* unterschiedlichen, interagierenden Dialogformen unterschieden werden. Diese sollen im Hinblick auf spätere Analysen genauer beschrieben werden. Beginnend mit der dialogischen Funktion „*Reply*" lässt sich konstatieren, dass diese Form des Tweets durch die Adressierung eines anderen Twitterers eingeleitet wird und darüber hinaus auch den Dialog zu *Nicht-Abonennten* ermöglicht. Besonders hierdurch lässt sich eine öffentliche Diskussion mit möglichst vielen Teilnehmern initiieren, da jeder Interessent sich beteiligen kann.

Durch die direkte Adressierung mittels @-Zeichen lässt sich hier der konkrete Gesprächspartner identifizieren. Oftmals wird dies in politischen Diskursen zu einer direkten Konfrontation genutzt.

(Quelle: Eigene Screenshots, Twitter-Account: Gregor Gysi.)

In den meisten Fällen kommt es in Folge dessen zu einem regen Dialog, da ein Ausbleiben einer Rechtfertigung fatale Folgen für den Politiker und seinen virtuellen Status haben könnte.

Darüber hinaus gibt es die kommunikative Twitterfunktion des „*Mentions*", was auf Deutsch mit „Erwähnung" zu übersetzen ist. Das einzige Kriterium zur Klassifizierung eines Tweets als *Mention* ist, dass die Nennung des Adressaten nicht am Anfang des Tweets erfolgt, sondern innerhalb oder am Ende des Beitrags, wie im Folgenden zu erkennen ist.

Bernd Lucke
@BerndLucke

⚙ Folge ich

Das politische Klima vergiften jene Politiker, die das Volk verunglimpfen und ausgrenzen, statt es zu vertreten. @Ralf_Stegner #AfD

(Quelle: Eigene Screenshots, Twitter-Account: Bernd Lucke.)

RETWEETS 62   FAVORITEN 74

07:48 - 4. Apr. 2015

Letztlich bleibt noch eine spezifische Form des *Mentions, der Retweet,* zu nennen. Dieses kommunikative Element eignet sich vor allem im politischen Diskurs, insbesondere zur Diffamierung und Konsolidierung diverser Parteigegner. Insbesondere Paradigmenwechsel im Parteiprogramm können dadurch gekonnt offengelegt und polemisiert werden. Hierbei wird dem Politiker im Zweifelsfall die Chronik seines Accounts zum Verhängnis, da insbesondere ältere Wahlversprechen nicht zwingend in Vergessenheit geraten, wie das folgende Beispiel anschaulich illustriert:

🔁 Volker Beck retweetete
Renate Künast @RenateKuenast · 15. Apr.
Die #Höchstspeicherfrist politischer Versprechen der #SPD beträgt derzeit auch nur wenige Wochen #VDS @heikomaas
🔁 39   ⭐ 48

🔁 Volker Beck retweetete
Renate Künast @RenateKuenast · 15. Apr.
Vor genau 4 Monaten sah @HeikoMaas das mit der #VDS noch ganz anders #180GradWende

> #VDS lehne ich entschieden ab - verstößt gg Recht auf Privatheit u Datenschutz. Kein deutsches Gesetz u keine EU-RL! sueddeutsche.de/politik/kritik...

(Quelle: Eigene Screenshots, Twitter-Account: Volker Beck.)

In der Regel erfolgt eine Kennzeichnung des Retweets als solcher durch die Varianten „RT", „r @„ oder „retweet", wobei sich das Verhältnis von Tweet und Retweet zumeist aus dem Kontext des

Posts ergibt. Des Weiteren sind Retweets ein verlässlicher Indikator zur Beurteilung der Kommunikationssituation zwischen Politiker und der Audienz. Sofern viele Retweets vorliegen, kann davon ausgegangen werden, dass sich ein Dialog zwischen beiden Kommunikationspartnern ergibt. Besonders vorbildlich verhalten sich in dieser Hinsicht die Politiker Sigmar Gabriel, Bernd Schlömer und Johannes Ponader, wobei Gabriel mit einem prozentualen Anteil von 90 % Retweets führend ist (Udldigital: http://www.udldigital.de/twitter_politik/, zugegriffen am: 18.04.15). Johannes Ponader und Bernd Schlimmer, beides angehörige der Partei Die Piraten, sind führend hinsichtlich der innerparteilichen Kommunikation via Twitter. Der Webseite UDLDigital zu Folge demonstrieren sie anhand ihrer innerparteilichen Kommunikation, die nahezu öffentlich stattfindet, die von ihnen propagierte, politische Transparenz (ebd.).

1.2.4 Facebook

Kürzlich veröffentlichte Umfragen brachten das erstaunliche Ergebnisse zu Tage, dass 573 Politiker, der insgesamt 631 Abgeordneten des Bundestages ein Profil oder eine Fanseite auf Facebook haben. Dieses signifikante Ergebnis von 90,1 % legitimiert Facebook nun als beliebteste Plattform unter deutschen Politikern (Digital Public Affairs, http://www.udldigital.de/neuer-facebook-leitfaden-fuer-politiker/, aufgerufen am: 27.04.15). Darüber hinaus wurde auf Grund der wachsenden Popularität sogar ein kommunikativ-normativer Leitfaden für Abgeordnete auf Facebook erlassen, welcher genaue Empfehlungen hinsichtlich der zu leistenden Aktivitäten liefert. Als kleiner Anreiz wird zu Beginn eben dieses Schreibens in fünf Gründen offengelegt, weshalb ein Abgeordneter einen FB-Account besitzen sollte: „1. Neue Zielgruppen, 2. Umfragen und Meinungsbildung, 3. Erreichbarkeit für Wähler, 4. Schnelle Reaktionen und 5. Kampagnen" (Digital Public Affairs, http://www.udldigital.de/neuer-facebook-leitfaden-fuer-politiker/, zuletzt geöffnet am: 27.04.15). Facebook weist, wie die meisten sozialen Netzwerke, diverse kommunikative Aspekte auf, die sich begünstigend auf den politischen Dialog zwischen Wähler und Politiker auswirken können. Das Grundprinzip der virtuellen Repräsentanz und Visitenkarte ist indes ähnlich wie bei Twitter. Die Person erstellt einen Account mit Profilbild und persönlichen Informationen, welcher fortan als virtuelle Visitenkarte verwendet wird (Bächle, 2011:41). Bei Facebook gibt es indes noch weitergehende Spezifizierungen, was die Beschaffenheit und Konstitution der persönlichen Internetpräsenz angeht. So gibt es Privatseiten, welche in der Zahl der potenziellen Freunde/ Abonnenten auf 5000 limitiert ist. Dies mag sich anfänglich nach einer großen Menge anhören, wobei 5000 Freunde/Abonnenten für Politiker tendenziell eher wenig sind.[3] Hinter dieser Differenzierungsmöglichkeit der Plattform verbirgt sich ein kommerzielles Interesse des Herstellers, da bei Fanseiten oftmals kommerzielle Absichten zu unterstellen sind, die inzwischen auch mit Werbe- und Vertriebskosten verbunden sind und kaum mehr gratis zu verrichten sind. Unlängst hat Facebook eine *Reichweitenregulierung* eingeführt, welche dafür Sorge trägt, dass Posts nur noch gegen Zahlung eines Betrages eine größere Audienz erreichen können und andernfalls bloß eine standardisierte Reichweite von maximal 5000 Freunden oder Abonnenten erreicht. Alleine diese 5000 Leute zu erreichen, kostet nach den neuen Konditionen der Fanseite ca. 18 € / 20 $ pro Post (t3n, http://t3n.de/news/promoted-posts-facebook-erst-391547/, zuletzt aufgerufen am: 29.04.14). Hinsichtlich der Verbreitungsmöglichkeiten eignet sich Twitter also eher für Politiker, da dort keinerlei Limitierungen vorgenommen werden, weder hinsichtlich der Reichweite noch bezüglich der Anzahl der Follower, dafür jedoch in der Anzahl der zu versendenden Zeichen.

Wenn Facebook unter einer dialogischen Perspektive betrachtet werden soll, gibt es dort zum einen Privatnachrichten und zum anderen die Funktion einen Post zu erstellen, welcher anschließend sowohl kommentiert als auch geliket werden kann. Die Posts selbst können sowohl durch Facebook als auch durch den Autoren in ihrer Reichweite reguliert werden. Diesbezüglich bestehen mehrere Möglichkeiten der Einschränkung, wer den Post lesen kann. Der Autor kann hinsichtlich der Veröffentlichungskriterien wählen, ob der Post für „Enge Freunde", „Freunde" oder komplett „öffentlich" zu sehen sein soll. Grundsätzlich kann jedoch jeder, der einen Post sieht, diesen kommentieren und mit einem „Gefällt-mir" versehen, solang diese Funktion nicht explizit deaktiviert wurde. Die Kommentarfunktion bietet eine nahezu unlimitierte Möglichkeit auf einen Post zu antworten und eine Diskussion zu entfachen. Hier bietet sich ähnlich wie beim Retweet die direkte Möglichkeit zu Responsivität, ohne ein ordnendes Element wie das Hashtag. Bei einer genaueren Betrachtung diverser politischer Profile namenhafter Politiker ist diesbezüglich aufgefallen, dass die reine Responsivität der Politiker selbst bei Twitter eine höhere Ausprägung aufweist als bei Facebook (Abb.3, Kapitel 3.3). Dafür zeigt sich auf Facebook indes die Tendenz, dass hier oftmals ein intensiverer und profunderer Dialog zwischen anderen Rezipienten entsteht.

Häufig diskutiert wird darüber hinaus über die *„ Gefällt-mir"-Funktion* oder zu Englisch der *Like-Button*. Ursprünglich als Kennzeichen einer affirmativen Einstellung bezüglich des Inhaltes des Posts gedacht gewesen, ist das *„Gefällt-mir"* zu einem neutralen Ausdruck der Kenntnisnahme

---

[3] Vgl. Bei Twitter erreichen überregional bekannte Politiker nicht selten mehr als 20.000 Follower.

avanciert. Dies liegt hauptsächlich daran, dass es keine Ausdrucksmöglichkeit der Ablehnung in den funktionalen Elementen gibt, wie etwa einen „Dislike-Button" oder eine „Gefällt-mir-nicht-Funktion". Die Gefällt-mir-Funktion ist gleichzeitig ein Element, welches als ein Multiplikatoreneffekt verwendet werden kann. Sobald jemand auf gefällt mir drückt, können alle Mitglieder der Freundesliste den Post verfolgen, selbst wenn sie den eigentlichen Autoren nicht kennen, weshalb sich die Reichweite hierdurch drastisch erweitern lässt. Dieser Verbreitungseffekt ist vergleichbar mit der Option Twitters, einen Punkt vor das Hashtag zu setzen und somit jeden Follower des Adressierten zu erreichen. Letztlich bleibt noch die Kommunikationsfunktion „Teilen" zu erwähnen, welche den ursprünglichen Post dupliziert. Dabei entsteht jedoch ein neuer Post als Endprodukt, wodurch die Like-Zahlen, welche mit den Follower-Zahlen bei Twitter gleichzusetzen sind, neu erfasst werden. Üblicherweise hat sich in der facebook-basierten PR ein Dreiklang etabliert, welcher sich aus den Schritten 1. Kommentieren, 2. Drücken des Gefällt-mir-Knopfes und 3. Teilen des Beitrages zusammensetzt (Leggewie, 2002:174). Dadurch soll eine möglichst weitreichende und umfassende Verbreitung eines Inhalts gewährleistet werden. Hinsichtlich der *Kohärenz* erzeugenden Elemente lässt sich bei Facebook höchstenfalls die Adaption des Hashtags nennen. Eine direkte Adressierung, beispielsweise durch das @-Zeichen, findet bei FB bloß durch die Verlinkung eines Namens statt, der dann in kursiver Schrift erscheint. Darüber hinaus existieren auf der Plattform Facebook auch Möglichkeiten zur personalen und gruppenbasierten Kommunikation über die Nachrichtenfunktion. Jene Chats, die dabei zustande kommen, eignen sich jedoch auf Grund ihrer privaten Konstitution nicht explizit für den politischen Dialog, da hier auch wieder eine Begrenzung auf 5000 Freunde vorzufinden ist und dieser Dialog nicht auf den öffentlichkeitswirksamen Pinnwänden stattfindet, sondern in einer verdeckten Applikation, die keinerlei Möglichkeit zur Multiplikation und Veröffentlichung bietet. Zu Mobilisierungs-und Organisationsmaßnahmen von Demonstrationen und Veranstaltungen eignet sich Facebook tendenziell sogar besser als Twitter, da sich darin eine Eventfunktion befindet, die indiziert, wie viele Menschen wann an welcher Veranstaltung teilnehmen. Grundsätzlich scheinen sich die Netzwerke Twitter und Facebook jedoch nicht in einem direkten Konkurrenzverhältnis zu befinden, da inzwischen synergetische Verknüpfungen zwischen den Netzwerken bestehen und viele Politiker beide Netzwerke als Wahlkampfelemente verwenden.

1.2.5 Chat & Blog

Letztlich soll noch kurz auf die politischen Chats eingegangen werden, welche ihrerseits partielle Bestandteile der Netzwerke Twitter und Facebook sind, jedoch zuvor bereits als autonome

Wahlkampfelemente existiert haben. Generell kann der politische Chat rein zeitlich-chronologisch in die Schwelle zwischen der Verbreitung des Internets und der massenhaften Nutzung für die beschriebenen Netze eingeordnet werden.

In den Anfangszeiten des öffentlichen Internets erhofften sich viele Befürworter der webbasierten Kommunikation die Rückkehr des politischen Dialogs zwischen mündigen Bürgern und Politikern in der virtuellen Form der Chats (Diekmannshenke, 2011:258).[4] Allgemein muss der Umfang der relevanten Chats hier auf webbasierte Chats mit ausschließlich oder überwiegend politischem Umfang reduziert werden. Solche Chats erfolgen in der Regel im Rahmen von Wahlkampfveranstaltungen und anderen öffentlichkeitswirksamen PR-Veranstaltungen der Partei. Konstituierend für die äußere Struktur dieser Chats ist ein stereotypes Dreiecksgefüge, welches sich aus *Politiker, Moderator und Wähler* zusammensetzt. Grundsätzlich ist in einem solchen Kontext davon auszugehen, dass die Politiker persönlich und unvermittelt texten, wohingegen seitens der Wählerbeiträge, allein der nominalen Masse wegen, eine Selektion der Beiträge vorgenommen werden muss (ebd. S.260). Der Moderator kommentiert das Geschriebene und nimmt eine vermittelnde Funktion ein. Im Hinblick auf die innere Struktur des Chats lässt sich als besondere Erkenntnis formulieren, dass im Politik-Chat oftmals keine wirkliche Diskussion zustande kommt, sondern vielmehr ein Frage-Antwortgespräch entsteht (ebd. S.263). Obgleich der Politik-Chat ein praktisches Medium zum demokratischen Meinungsaustausch zwischen Politikern und Wählern sein mag, so ist dieser auch mit Nachteilen behaftet. Dies führt letztlich zu Einbußen der Popularität im Vergleich zu sozialen Netzwerken. Letztere werden das gesamte Jahr über für soziale Kontakte genutzt und in spezifischen Situationen auch für die politische Informationsbeschaffung und Partizipation verwendet. Die Registrierung im Politik-Chat hat jedoch ausschließlich die Funktion des politischen Dialogs, weshalb hier kaum positive Externalitäten für den Nutzer zu erwarten sind. Dadurch, dass die Vorteile des Chats auch den bestehenden Netzwerken inhärent sind, ist langfristig davon auszugehen, dass soziale Plattformen die Chatkommunikation, zumindest im politischen Kontext, ablösen werden, wie es bereits bei den Messangern MSN und ICQ geschehen ist. Schließlich sind FB und Twitter also nicht nur praktischer, sondern auch öffentlichkeitswirksamer, da eine größere Audienz an den Unterredungen teilhaben kann. Durch die stark parteiorientierten Zutrittskriterien für politische Chats hat sich die Partizipation am politischen Diskurs definitiv verringert, weshalb auch hier von einer Fluktuation zu beliebten Netzwerken auszugehen ist. Dort

---

[4] Mit Anfangszeit ist die Epoche ab 1990 beschrieben. Grundsätzlich existiert das Internet im militärischen Kontext schon seit den 1970er Jahren.

ist keinerlei parteiprogrammatische Registrierung notwendig, um an einer demokratisch legitimierten Diskussion teilzuhaben.

2.0 Politische Kommunikation und Interaktion im Vergleich

2.1 Politische Kommunikation im Microbloggingdienst Twitter

Grundsätzlich hat sich in der gesamten webbasierten politischen Kommunikation und Präsentation, wie auch in der Realen, ein Paradigmenwechsel vollzogen, welcher eine Tendenz zum Politainment aufweist (Dörner, 2000:22). Dieser medienwissenschaftlich geprägte Begriff beschreibt die zunehmende Verknüpfung von Politik und Unterhaltungskultur. Gegenläufig zum zunehmenden Unterhaltungscharakter innerhalb der Politik zeigen politische Chats und Diskussionen auf den Plattformen einen hohen Grad an Ernsthaftigkeit und Seriosität. Kaum verwunderlich ist deshalb die Tatsache, dass politische Chats und Tweets, welche das Erbe einer medial mündlichen Tradition antreten, in einer konzeptionell schriftlichen Form stattfinden und sich weitestgehend an orthographischen Prinzipien des Deutschen orientieren. Dies ist in Teilen darauf zurückzuführen, dass politische Reden in ihrer ursprünglichen Konstitution eine der Ausnahmen sind, in denen medial mündliche Textformen nach konzeptionell schriftlichen Regeln gestaltet werden. Auch Emoticons und Smileys werden im webbasierten politischen Diskurs eher ausgespart und äußerst selten verwendet (Thrimm, 2011: 267).

Generell sollte anlässlich der Frage, inwiefern die neuen Medien den Meinungsbildungsprozess und die politische Kommunikation verändert haben, bedacht werden, dass durch die Partizipations- und Kommunikationsmechanismen jeder Bürger mit Internetzugang, selbst zum Medienschaffenden werden kann, was bislang ein Monopol der Massenmedien war. Wenngleich es diverse Befürworter des medialen Wandels gibt, welche die Partizipationsmöglichkeiten der Netzwerke schätzen (Plake/ Jansen/Schuhmacher 2001) oder in den sozialen Netzwerken eine Renaissance der früheren Markplätze und Kaffeehäuser sehen (Grunwald/Banse/Coenen/Hennen 2006), so gibt es unweigerlich auch eine Gegenseite dessen. Diese beklagen und befürchten vor allem den Verlust von Sozialität, Privatsphäre und der Kompetenzen auf orthographischer als auch intellektueller Ebene (Thurlow/Lengel/Tomic 2004). Auch in dem ebenda als Vorteil klassifizierten Aspekt, dass das Internet die Demokratie begünstigen oder gar herbeiführen kann, wird von manchen Autoren (Morozov 2011) eher die tendenzielle Gefahr zur Distribution totalitären Gedankengutes vermutet. Insgesamt finden sich also diverse Meinungen, welche die Absolutheit und Überlegenheit des Mediums gegenüber anderen Medien in Frage stellen, so zum Beispiel Lanier (2006), Keen (2007) und Norris (2001) (Thimm/Dang-Anh/Einspänner, 2011:265). Grundsätzlich lässt sich aus all diesen angedachten Vor- und Nachteilen einfacher Konsens formulieren, da die potenziellen Fatalitäten und Synergien einer Massendynamik wie der des Internets nur schwer zu erahnen sind. Dieser Überlegung soll jedoch mit der Evaluation der Vor- und Nachteile genüge getan sein und nicht weiter ausgeführt werden.

Die Modernisierung der Massenmedien und die damit einhergehende Kommerzialisierung des Internets hat sich in den letzten zwei Jahrzehnten auf die gesamte zwischenmenschliche Kommunikation ausgewirkt. Als logische Konsequenz dessen bleibt auch die politische Kommunikation davon nicht unberührt. Das Internet, oder vielmehr die sozialen Netzwerke wie Twitter und Facebook als auch die Podcast-Dienste wie Youtube oder MyVideo, sind seit den Wahlkämpfen der 2000er Jahre zu zentralen Wahlkampfelementen avanciert. Dabei stehen auch hier die zentralen Bemühungen eines jeden Wahlkampfes, namentlich die Mobilisierung von Wählern und die Rekrutierung von Neumitgliedern, im Vordergrund. Der Unterschied zwischen der politischen Online-Kommunikation und der Offline-Kommunikation konstatiert sich demnach nicht in seinen Absichten und Intentionen, sondern vielmehr in seinen Wirkungsweisen, den adressierten Zielgruppen und auch den Meschanismen, welche dabei verwendet werden. Im Hinblick auf die Zielgruppe des Online-Wahlkampfes zeigt sich, dass insbesondere *vier Adressaten-Gruppen* im Fokus der Parteien liegen. Dazu zählen laut Merz (2008) *Multiplikatoren* (Medienvertreter), *Sympathisanten* (Stammwähler und Passive), *Unterstützer* der Partei (Mitglieder, Helfer) und zuletzt *Unentschlossen*, also potenzielle Wechsel- oder Erstwähler. Unter Multiplikatoren verstehen sich alle (massen-) medialen Instanzen, die auf die Meinungsbildung der Wähler Einfluss ausüben. Im Kontext der Online-PR sind damit auch dem Wähler bereits bekannte Instanzen impliziert, die auf Twitter und Co. eigene Accounts betreiben. So kann der Wähler beispielsweise seinem favorisierten Nachrichtensprecher, Redakteur oder Politiker auf diesen Plattformen folgen. Als Beispiel dafür soll im Folgenden der Tweet des Nachrichtensprechers Claus Kleber dargestellt werden:

Claus Kleber ⊘
@ClausKleber
      ☼   ⚹ Folgen

#Ukraine Vorgespräch mit Katrin Eigendorf in Mariupol. RUS Truppen sammeln sich dort. M'pol nächstes Ziel? Would be very bad news. 21.45 ZDF

↩   ⇄   ★   •••

(Quelle: Eigene Screenshots, Twitter-Account: Claus Kleber.)

Darüber hinaus existieren einige *Blogger*, die einen immensen Einfluss auf die Meinung ihrer Abonnenten und Follower ausüben. Die *Sympathisanten* und *Unterstützer der Partei* erklären sich bereits selbstredend durch ihre Namensgebung. Rein funktional sollten diese zwei Gruppierungen auch an der Verbreitung der Tweets und Rekrutierung von Neuwählern interessiert sein und darüber hinaus ihre eigene Informationsbeschaffung über dieses Medium vollziehen. Dies lässt sich exemplarisch am folgenden Tweet des Bundeskanzlers a.D., Gerhard Schröder, illustrieren, der für seine Partei wirbt:

Gerhard Schröder

Folge Ich

Ich bitte Sie herzlich, den Wahlkampf der SPD im Netz zu unterstützen. Das ist eine gute Sache.

1   2

(Quelle: Eigene Screenshots, Twitter-Account: Gerhard Schröder.)

Die Gruppe der *Unentschlossenen* stellt aus der Perspektive des Online-Wahlkampfes eine der interessantesten Gruppierungen dar. Die Stammwähler oder Mitglieder bleiben ihrer Partei, sofern es nicht zu einer radikalen Neupositionierung kommt, oftmals langfristig treu. Deshalb gilt es vor allem Neuwähler direkt ab dem Eintritt in die Volljährigkeit zu akquirieren und bestenfalls langjährig zu binden. Vor allem Zugehörige dieses Sektors zeigen eine Affinität zum Internet und wissen um die Handhabe der *Sozialen Netzwerke*. Zudem ist der Sektor der jungen, nicht festgelegten Wechselwähler der Bereich mit der höchsten Beeinflussbarkeit (Wegmann, 2011:104). Generell passt die Gruppierung der Erstwähler konzeptionell am ehesten in das Profil der politikinteressierten Zielgruppe, nicht zuletzt weil die politische Gesinnung als Produkt der menschlichen Sozialisation in der Regel gefestigt wird und kaum veränderlich ist. Die Zielgruppe setzt sich mehreren Studien zu Folge überwiegend aus *„männlichen, gebildeten, wohlhabenden und jungen Menschen"* zusammen, die darüber hinaus ein rudimentäres, politisches Grundinteresse besitzen, welches auch im Web 2.0 noch zur Informationsbeschaffung notwendig ist (Wegmann, 2011: 102 / Meier 2009: 141).

17

Für ████████████ war sicher auch die DDR eine Demokratie, hieß ja immerhin Deutsche DEMOKRATISCHE Republik. #facepalm

████████████ Du meine Güte, die Linken in Deutschland haben doch die DDR für eine Demokratie gehalten und sich herzlich mit dem Regime verstanden

↤ Unterhaltung ausblenden

1
RETWEET

8.07 AM - 2 Feb 12 via Echofon   Details

↤ Antwort   ⇄ Retweetet   ★ Favorisieren

Franz-Josef Strauß hat jahrelang die DDR mit seinem Flugzeug besucht & Milliardenkredite organisiert. Ist der links?

Ich glaube sie verwechseln da die Linken mit der CSU und

(Quelle: Eigens erstellte Screenshots, Twitter-Account: Erika Steinbach.)

Generell ergab die Studie, dass der stereotype Rezipient der Online-PR des Wahlkampfes zu 75 % männlich ist und darüber hinaus mehr als die Hälfte der Befragten zwischen 16-29 Jahren alt sind, wodurch sich die vorangegangene These zementieren lässt. Darüber hinaus war das Internet für 60 % der befragten die zentrale Informationsquelle im Wahlkampf 2009.

Allerdings bleibt zu erwähnen, dass eine Umfrage mit 88 Personen keine gesellschaftliche Repräsentanz beanspruchen kann, sondern lediglich Tendenzen erkennen lässt und zudem liefert, in welche Richtung sich die Online-PR entwickeln sollte. Junge Wähler scheinen ohnehin einfacher zu mobilisieren zu sein, weshalb die Vermutung naheliegt, dass fortan eher an der Online-Adressierung älterer Bürger gearbeitet werden sollte, da es ein Trugschluss ist, ihnen eine grundsätzliche Aversion gegenüber dem Internet zu unterstellen. Besonderes Augenmerk sei im Folgenden auf die Kommunikation und Interaktion in Twitter gerichtet.

Wie in *Kapitel 1.2.4* bereits erwähnt wurde, konnte bei der Beobachtung politischer Chats festgestellt werden, dass sich dort eher Frage-Antwort-Strukturen als dialogische Strukturen etabliert haben (Diekmannshenke, 2005:258 ff.).

Da Twitter einige dialogische Elemente enthält, ist die Vermutung naheliegend, dass sich darin eventuell sogar konkrete Dialoge entwickeln könnten. Im Folgenden soll ein stereotyper Twitter-Dialog als Screenshot dargestellt und analysiert werden. Dieser findet auf der Twitter-Präsenz der Politikerin *Erika Steinbach* statt und thematisiert die Meinungsverschiedenheit hinsichtlich der ideologischen Positionen der CDU und der Linken gegenüber der DDR. Der Dialog wirkt in seiner Gesamtheit, wie es für Twitter oftmals typisch ist, etwas provokant und plakativ. Grundsätzlich werden Retweets und normale Tweets im politischen Diskurs auch gerne zur gegenseitigen Diffamierung genutzt, weshalb die semantischen Inhalte des Dialoges nicht weiter vertieft werden sollen (Marschall, 2002: 19). Diese Diffamierungen oder Anspielungen werden insbesondere verwendet, sofern ein kurzfristiger Paradigmenwechsel hinsichtlich eines vorangegangenen Wahlversprechens vorliegt. Im Kontext der folgenden Unterredung geht es um ideologisch-programmatische Inhalte, welche jedoch semantisch irrelevant sind. Das Geschriebene soll bloß der Illustration der Gesprächskultur dienen.

Die auf Twitter anherrschende Parität zwischen Politikern (Erika Steinbach, CDU) und den politisch unbekannten Bürgern (Besim K., Ignaz W., Johannes G.) lässt sich hier besonders gut veranschaulichen. Inhaltlich kommt es hier zu einem Schlagabtausch, bei dem einer CDU/CSU-Politikerin der Vorwurf unterbreitet wird, sie habe die DDR für eine Demokratie gehalten (vgl. Screenshot Z.1). Aus dem Kontext die Unterstellung heraus, oder aus der Zurkenntnisnahme des Profils des Twitterers, scheint die Politikerin den Schluss zu ziehen, der Autor des Posts sei dem politisch linken Sektor angehörig. Dies ergibt sich aus ihrer Entgegnung, die Linken *„haben sich herzlich mit dem Regime verstanden"* (vgl. Z.3). Im Folgenden wird die Konversation um zwei Akteure erweitert, welche die anfängliche Anschuldigung an die CDU-Politikerin ebenfalls zu teilen scheinen, da sie einen Genossen Frau Steinbachs, Franz-Josef-Strauß, als Sympathisant der DDR darstellen. Das Niveau des Inhalts und die ideologischen Paradigmen sollen an dieser Stelle nicht weiter diskutiert werden. Dafür sind die Aspekte des Turn-Takings und der Responsivität umso deutlicher zu erkennen. Darüber hinaus bieten die *semiotischen und handlungstheoretischen* Perspektiven in Twitter einen interessanten Analysegegenstand, welcher auch dem Diskurs des Technik- und Kommunikationswandels sehr zuträglich sind, da sie die Korrelation zwischen Funktion und Wirkung der Operatoren genauer untersuchen. Daraus können erste Tendenzen hinsichtlich der Wirkungsweisen der Interaktionselemente erkannt werden.

Zur Analyse eignen sich vier *semiotische und handlungsbeschreibende* Elemente, welche als Operatoren fungieren und die verschiedenen Tweets in Bezug zueinander setzen. Diese Operatoren sind zwingend erforderlich, da die Chronologie bei einer webbasierten *One-to-many-*

Kommunikation schnell unübersichtlich wird. Dies ist unter anderem der Schnelligkeit der Internetanbieter der verschiedenen Diskussionsteilnehmer geschuldet, die teilweise stark variieren kann. Da auf Grund der mangelnden physisch-lokalen Repräsentanz leicht Unordnung entstehen kann, wird hier auf ein viergliedriges, Referenzsystem vertraut.

Caja Thrimm beschreibt die *„vier Kommunikationsoperatoren als ein multireferenzielles Verweissystem"* mit ordnender Funktion, welches zudem als Werkzeug kommunikativer Handlungen eingesetzt werden kann (Thrimm, 2011:269). Als erster Operator soll das *@-Zeichen* thematisiert werden, welches für die Bezugnahme und Adressierung eines Nutzers verwendet wird. Dadurch wird innerhalb eines Posts ersichtlich, auf welchen Tweet oder welche Person sich die Antwort bezieht und welche Adressaten explizit angesprochen sind. Wird vor das *@*-Zeichen ein Punkt gesetzt, können alle Follower des Adressaten dem Tweet folgen, was die Reichweite radikal erweitert und vor allem für Politiker von Interesse sein sollte. Dies kann auch als Aufruf zur Interaktion und Partizipation am politischen Dialog verstanden werden, da nunmehr auch zuvor Unbeteiligte in den jeweiligen Dialog eingebunden werden. Darüber hinaus entstehen im Diskurssystem Twitter diverse Interaktionen, welche sich stark in der anherrschenden Komplexität unterscheiden. Das *@*-Zeichen sorgt beispielsweise für eine *„interaktionale Kohärenz"*, welche vor allem für Transparenz seitens des Lesers sorgt, da dieser den genauen Verlauf nachvollziehen kann und darüber hinaus exakt sieht, welcher Post sich auf welche Frage bezieht, sofern dies nicht durch die Kohärenz zu erkennen war (Thimm/Dang-Anh/Einspänner, 2011: 272.).

Zweitens ist das *#-Zeichen*, welches ausgesprochen *Hashtag* heißt, von zentraler Bedeutung für die Ordnung der Tweets. Dieses Zeichen nimmt eine essentielle Ordnungsfunktion innerhalb der Dialoge ein, da alle Tweets zu einem Thema über diesen Hashtag gefunden werden können, sofern dieser einheitlich und konsequent verwendet wurde und dadurch ein Link generiert wurde. Durch diese *Verschlagwortung* lassen sich diverse Posts und Meinungen zu einem Thema, simpel via Link, schneller zusammentragen und vergleichen. Dies kann besonders im politischen Diskurs von Vorteil sein, um einen schnellen Überblick bezüglich der Standpunkte der Parteien zu verschiedenen Themen zu erlangen. Tagesaktuelle Geschehnisse und politische Debatten innerhalb des Wahlkampfes können so wesentlich schneller verglichen werden, als wenn man die Standpunkte mühsam aus Zeitungsartikeln zusammentragen müsste. Allerdings erfüllt das #-Symbol noch weitergehende Funktionen als die bloße Strukturierungs- und Ordnungsfunktion. Die bereits angesprochene Verschlagwortung führt indes auch zu einer programmatischen Ordnung, welche auch als ideologische Zusammenführung der inhaltlichen Standpunkte verstanden werden kann. Hashtags generieren ein ähnliches Einheitsgefühl wie die Nutzung des Personalpronomens „wir", welches in diversen politischen Reden eingesetzt wird (Thrimm, 2011:278). Rein emotional tragen die verwendeten Hashtags darüber hinaus zur *„Konturierung, Zuspitzung und Emotionalisierung der jeweiligen Diskurse bei und setzen dabei auf individuelle, parteiliche, ideologische oder politische Unterscheidungssignale" (Niehr, 2007: Sp. 498).* Grundsätzlich ist die kommunikativ-ideologische Funktion des Hashtags der einfachen Ordnungsfunktion überzuordnen. Nicht zuletzt ist diese Funktion eine notwendige Konsequenz, die aus der Limitation auf 140 Zeichen hervorgegangen ist. Eine semantische Kontextualisierung eines jeden Posts würde den kommunikativen Rahmen sprengen, weshalb hier aus platzökonomischen Gründen eine Konstitution der Bedeutung via # erfolgt.

Drittens ist die Retweet-Funktion von besonderem Interesse für die Kommunikation im Gesamten, insbesondere jedoch für die politische Kommunikation. Die Retweet-Funktion ist ein Kommunikationsmittel, das dialogische Strukturen innerhalb der Unterhaltung begünstigt, da somit auch eine direkte Bezugnahme auf Gesagtes entstehen kann. Konkret bedeutet RT, einen Tweet eines anderen Autoren erneut zu posten und diesen zu kommentieren. Dies verändert zudem auch die Reichweite eines Tweets, da nun nicht bloß die eigenen Follower den Beitrag verfolgen können, sondern auch die Abonnenten des Adressierten. Sofern dies mehrmals geschieht, lässt sich sogar ein regelrechter schriftlich fixierter Dialog beobachten, wie er in der virtuellen Kommunikation eher untypisch ist. Die Retweets signalisieren dem Zuhörer und potenziellen Wähler darüber hinaus auch, dass deren persönliche Frage beantwortet und diskutiert wird, was sich positiv auf das Selbstwertgefühl des Bürgers auswirkt und die soziale und emotionale Bindung zu einer Partei verstärkt.

Letztlich bleibt von den vier Operatoren noch *der Link* zu nennen, welcher der Weiterführung zu extrahierten Inhalten dient. Zudem haben es bereits einige Politiker zu ihrem eigenen Nutzen verstanden, einen *URL-Formator* zu verwenden, der schon in der Kleinansicht des Links, welche im Post indiziert wird, den Namen der weiterführenden Seite anzeigt und somit als *Werbeträger* fungiert. Generell sind diese vier Operatoren nicht ausschließlich konstituierend für Twitter, wobei sie indes als sehr nützliche Werkzeuge verstanden werden können, welche die Reichweite der eigenen Tweets um ein vielfaches erweitern können und somit den politischen Dialog vorantreiben.

Zusammenfassend lässt sich daraus für die politische Kommunikation der Konsens formulieren, dass durch Twitter und seine Operatoren initiierbare kommunikative Handlungen mit Adressatenbezug entstehen können, welche durch die *partizipatorische Bewusstheit* aller Twitterer ein immenses Potential bieten. Obgleich der Abonnent auch nicht in die Interaktion integriert sein mag, so kann er zumindest gedanklich an den Geschehnissen teilhaben, ohne sich am selben Ort aufzuhalten. Auf Twitter erfolgt demzufolge so etwas wie eine Vereinheitlichung der Individuen hinsichtlich ihrer politischen Wertigkeit, was die Parität aller Nutzer zur Folge hat. Daraus resultiert für den Bürger eine Möglichkeit von Politikern gehört zu werden und Antworten zu erhalten oder bestenfalls sogar einen streitbaren Dialog einzugehen. Insgesamt kann also von einer positiven Synergie für Bürger und Politiker gesprochen werden, sofern das Medium korrekt und effizient verwendet wird und kontinuierlich gebraucht wird. Andernfalls verfällt der Account zu einem rudimentären Wahlkampfmittel, das keinerlei Repräsentanz mehr besitzt, da Aktualität eines der wichtigsten Elemente der Internetwerbung ist und diese bestenfalls die gesamte Legislaturperiode hinweg anherrschen sollte.[5]

2.2 Politische Kommunikation und Interaktion auf Facebook

(Quelle: Eigene Screenshots, Facebook-Account: Katja Kipping.)

---

[5] Generell treffen manche Politiker diesbezüglich Entweder-oder-Entscheidungen zwischen Twitter und Facebook: Der bei FB sehr aktive Sigmar Gabriel verwendet seinen TW-Account seit 08.2013 nicht mehr. Hanelore Kraft wurde diesbezüglich angeraten, sie solle ihren Account auf TW löschen, da sie diesen bloß als Wahlkampfelement nutze (Quelle: http://www.rp-online.de/nrw/landespolitik/junge-union-fordert-twitter-ruecktritt-aid-1.2930755, zuletzt aufgerufen am: 02.05.15).

Darüber hinaus sollen an dieser Stelle zwei strukturell unterschiedliche Facebook-Posts und die dazugehörigen Kommentare betrachtet werden. Der Screenshot des Posts von Katja Kipping bildet ein, zumindest für ihre FB-Präsenz, stereotypes Frage-Antwort-Gespräch mit ihren Abonnenten ab. Darin ist keine andauernde Kohärenz zu erkennen, sondern lediglich eine sequenzielle Befragung der Politikerin, wie sie für die Struktur der politischen Chats bereits als charakteristisch bezeichnet wurde. Rein inhaltlich wechseln die Themen von der Stellungnahme zu einer Beleidigung (Z.1), zu einem kurzen Exkurs über die Wirkung des Auftretens der Politikerin (Z.3 ff.) und schließlich zu einem parteiideologisch-programmatischen Streitpunkt, der kategorisch zu den Axiomen der Linkspartei passt, dem „Krisenkapitalismus" (Kipping, Screenshot: Z.14). Gerade an dieser Stelle würde sich theoretisch die Möglichkeit zur Expansion in einen inhaltlich relevanten Dialog bieten, welche allerdings ungenutzt bleibt und in einem weiteren Themenwechsel zu den Gesichtsausdrücken der Politikerin mündet (Z.15). Im Anschluss daran verstärkt sich der Eindruck, dass es sich bei dieser Abbildung um ein Frage-Antwort-Gespräch handelt, da im letzten Abschnitt der Gesprächssequenz die Frage nach der Politikerin Domscheit-Berg (Z.18) gestellt wird, welche dann zuletzt von Katja Kipping beantwortet wird (Z.19). Im zweiten zu analysierenden Dialog, der zwischen Sigmar Gabriel (SPD) und dem Nutzer Unit W. stattfindet, geht es inhaltlich um den Paradigmenwechsel im Energiesektor und die Möglichkeiten erneuerbarer Energien.

Deutlich zu erkennen, findet hier mehr als ein bloßes Frage-Antwortgespräch statt, sondern ein regelrechter Dialog, welcher die klaren Positionen der Beteiligten in einem Oppositionsverhältnis darstellt. Des Weiteren ist in diesem Dialog klar zu erkennen, dass ein Sprecherwechsel durch Fremdwahl erfolgt, da Herr W. den Politiker Gabriel direkt adressiert. Die Struktur der einfachen Frage-Antwort-Struktur wird an einigen Punkten des Dialogs klar überwunden, da über das Gefragte hinaus vertiefend auf die Thematik eingegangen wird. Dies manifestiert sich in den Sätzen: „es gibt auch noch" (Z.7), wobei das „noch" als vertiefende Konjunktion zu betrachten ist, und „Übrigens [...] davon negativ betroffen" (Z.28), womit Gabriel profunder als in der Frage eigentlich erfordert auf die Fragen eingeht. Was darüber hinaus auf ein Streitgespräch hindeutet, ist die klare aber sachliche Artikulation der Meinungsverschiedenheiten an einigen Stellen des Gesprächs. Diese werden beispielsweise in Sätzen wie: „Herr Gabriel, es ist schlicht eine Lüge, dass keine Alternativen auf den Tisch gelegt wurden" (Z.12), artikuliert. Ganz im Gegensatz zu dem zuvor analysierten Post Katja Kippings wird hier thematisch auf einen Aspekt eingegangen, welcher zunehmend vertieft wird.

Mit dem KWK-Ausbau und der Gebäudesanierung gibt es also Alternativen!!! Als Sozialdemokrat werden sie damit die Gewerkschaften und die Leuten aus den Revieren wieder hinter sich haben und sie werden wieder von den Grünen zu unterscheiden sein. Bitte schauen sie mal in diese Richtung, obwohl ihr Freund der Herr Baake anderer Meinung ist
Gefällt mir · Antworten · 👍 2 · 3 Std.

 Sigmar Gabriel ⊘ Bei der KWK werden wir auch mehr machen - genausio wie bei der Gebäudesanierung. Es gibt auch noch die Sektoren Landwirtschaft und Verkehr, die ebenfalls erhebliche CO_2-Minderungen beizutragen haben. Aber über die redet komischerweise niemand... Gruß vom Gabriel-Team
Gefällt mir · 2 Std.

Herr Gabriel, es ist schlicht eine Lüge, dass keine Alternativen auf den Tisch gelegt wurden, hier ein Zitat aus der Welt.de: Eine Alternative drängt sich dabei jetzt schon auf: Baake hatte neben seinem Kohlekonzept auch noch angekündigt, die Ausbauziele für Stromerzeugung in sogenannten KWK-Anlagen zurückzunehmen. Obwohl die gleichzeitige Erzeugung von Strom und Wärme in Kraft-Wärme-Kopplung als hocheffizient gilt, solle der KWK-Anteil im deutschen Strommix bis 2020 nicht mehr auf 25 erhöht, sondern auf rund 20 Prozent begrenzt werden, erklärte der Staatssekretär. Es gelte, Förderkosten von zwei bis drei Milliarden Euro zu vermeiden.

Das Ausbremsen der KWK-Technologie führt allerdings nach Berechnungen der Energiewirtschaft zu Mehremissionen von rund 29 Millionen Tonnen CO_2. Kehrt das Bundeswirtschaftsministerium zum ursprünglichen KWK-Ausbauziel zurück, würde sich die fragwürdige Klimaabgabe auf Kohlekraftwerke wohl erübrigen.
Gefällt mir · Antworten · 👍 1 · 3 Std.

Sigmar Gabriel ⊘ In der Tat hat Frank Bsirske auch mal gefordert, die 22 Mio Tonnen ausschließlich über den Ausbau von KWK zu erwirtschaften.Abgesehen davon, dass da irgendwann auch Grenzen erreicht wären, wäre das für den Steuerzahler auch verdammt teuer. Übrigens wären auch davon Braunkohle-Kraftwerke negativ betroffen: Wenn man KWK-Kraftwerke mit staatlicher Förderung richtig massiv ausbauen würde, gäbe es für die Braunkohle keinen Markt mehr. Gruß vom Gabriel-Team
Gefällt mir · 2 Std.

↳ Weitere Antworten anzeigen

(Quelle: Eigens erstellte Screenshots, Facebook-Profil: Sigmar Gabriel.)

Als Konsequenz dessen entsteht eine Kohärenz, welche sich vornehmlich an der Isotopie-Ebene zur Thematik Energiewende erkennen lässt. Kennzeichnend für diese Ebene sind die Begriffe: „KWK-Ausbau", „Gebäudesanierung", „CO2-Minderung", „Kraft-Wärmekopplung", „Strommix", „Mehremissionen", welche sich noch weiter ergänzen lassen. Insgesamt kann dieser Dialog deswegen repräsentativ für eine vorbildliche Bürger-Politiker-Kommunikation angesehen werden, da weder der Anschein entsteht, der Politiker nehme die Diskussion nicht ernst, noch der Eindruck erweckt wird, das Gespräch sei oberflächlich geführt worden. Leider evozieren die Schlussfloskeln „Gruß vom Team-Gabriel" und „Gruß vom Team Kipping" den Eindruck, dass die beiden Politiker nicht persönlich posten, sondern eventuell deren PR-Mitarbeiter, wenngleich dies nicht ausdrücklich bewiesen ist. Diesbezüglich wären persönlichere Grußformeln wie „Ihr PA" für Peter Altmeier etwas authentischer und forcierend für die Parität innerhalb des Chats.

2.3 Evaluation des Kommunikationsvergleichs

Werden nun die Beiträge auf Twitter mit denen auf Facebook verglichen, so lassen sich hinsichtlich der Interaktion und Kommunikation einige signifikante Unterschiede erkennen. Diese sind in der Regel auf die unterschiedlichen Operatoren zurückzuführen, welche letztlich anderen Intentionen entsprungen sind und sich in ihren Wirkungsweisen unterscheiden. Im direkten Vergleich diverser Twitter-Accounts der Politiker und deren Profilen auf Facebook zeigt sich ganz klar, dass bei Facebook ebenfalls Dialoge entstehen, welche sich jedoch in ihrer Konstitution unterscheiden. Diesbezüglich soll im Kontext der sozialen Netzwerke schon von einem Dialog die Rede sein, sofern der Politiker mindestens einmal auf seinen ursprünglichen Post geantwortet hat, d.h mindestens zweimal als Sprecher oder Autor in Erscheinung tritt.

Als Basis des Vergleichs wird eine Untersuchung zehn verschiedener Politiker und der Posts derer verwendet. Sicherlich ist das Ergebnis nicht repräsentativ für die Gesamtheit der politischen Kommunikation im Social Web, allerdings lassen sich dadurch nutzvolle Tendenzen für zukünftige Handlungsoptionen erkennen. Zunächst fällt bei der reinen Betrachtung der Präsenzen innerhalb der Netzwerke auf, dass Twitterprofile eine wesentlich höhere Anzahl an Followern/Abonnenten vorzuweisen haben als FB-Profile

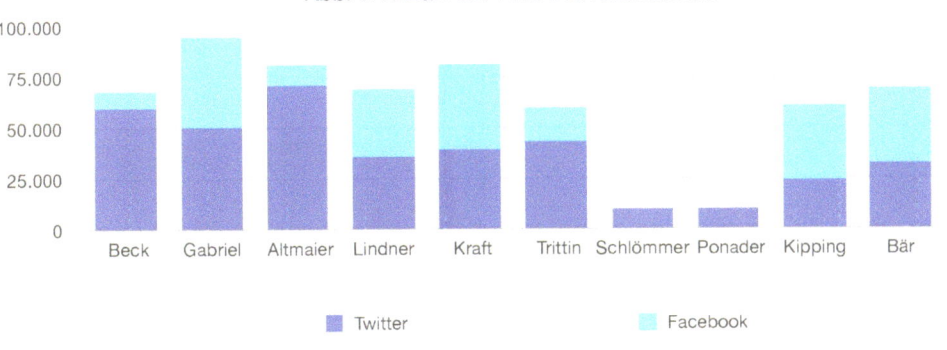

Abb. 1: Anzahl der Follower/Abonnenten.

(Quelle: Eigens erstellte Grafik auf der Basis der angegebenen Werte in FB & Twitter.)

Im direkten Vergleich der Facebook- und Twitteraccounts weisen Twitterpräsenzen durchschnittlich 17.273 Follower mehr auf als Facebookpräsenzen.[6] Dieser Wert indiziert jedoch lediglich die potenzielle, organische Reichweite der Medien, nicht die tatsächliche. Grundsätzlich ist für den Betrachtungsgegenstand der politischen Kommunikation jedoch eher von Belang, inwiefern ein

---

[6] Dieser Wert ergibt sich aus der Differenz zwischen TW- und FB-Accounts, welche bei 172.730 liegt. Dieser Wert wurde durch die beteiligten Profile (n=10) geteilt.

wirklicher Dialog zwischen den Teilnehmern stattfindet und nicht, wie oft bloß irgendetwas getweetet wurde. Diesbezüglich fällt die Antwort nicht ganz so eindeutig aus wie auf die Frage nach der Reichweite. Oberflächlich scheint die reine Responsivität, also die Anzahl der Antworten, bei Twitter höher frequentiert zu sein als bei Facebook. Dies lässt sich anhand der Abb. 2. anschaulich nachvollziehen. Bei genauerer Betrachtung der Beschaffenheit spezifischer Antworten fällt schnell auf, dass die Antworten auf Facebook profunder und detaillierter ausfallen als die auf Twitter verfassten Antworten. Dies mag sicherlich in Teilen mit der Zeichenbegrenzung eines Tweets auf 140 Zeichen zusammenhängen.

Eine solche Limitation ist auf Facebook nicht gegeben, weshalb hier ausführlichere Antworten möglich sind.

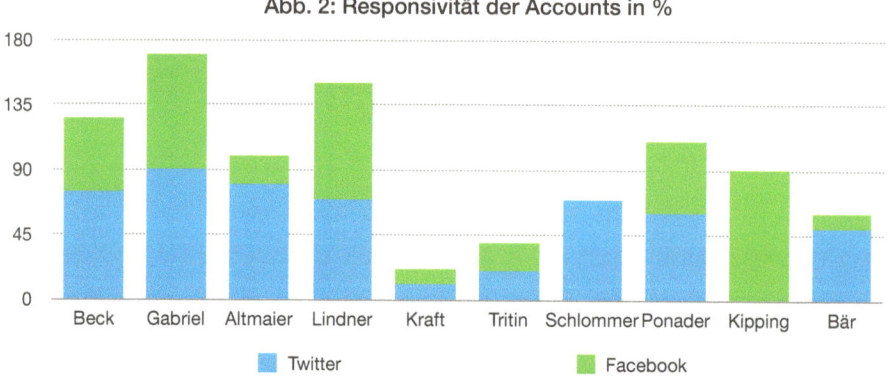

Abb. 2: Responsivität der Accounts in %

(Quelle: Eigens erstellte Grafik, anhand von Auszählungen auf den Accounts der Politiker, anschließender, sicherheitsbedingter Abgleich mit den Werten der Seite: **http://www.udldigital.de/twitter_politik/**, die eine ähnliche Erhebung unternommen haben, zuletzt aufgerufen am: 29.04.15.)

Insgesamt ist diese Begrenzung jedoch nur oberflächlich relevant, da bei Bedarf genauso gut zwei oder drei Tweets als Antwort verwendet werden könnten.

Ein *Kohärenzbruch* würde durch diese Trennung eines Textes in zwei aufeinanderfolgende Nachrichten sicherlich kaum zustande kommen. Allerdings drängt sich durch diese Limitation die Frage auf, ob Twitter überhaupt für Diskussionen dieser Art gedacht war. Generell scheint der Aspekt der Echtzeitkommunikation ein wichtigeres Anliegen der Entwickler gewesen zu sein als die Möglichkeit Diskussionen zu führen. Zusammenfassend kann der Vergleich der beiden Netzwerke also auf einige Kernmerkmale beschränkt werden. Mit Facebook lassen sich simpel und ohne großen Aufwand Events und politische Demonstrationen organisieren. Darüber hinaus eignet sich das Medium auch zur Kommunikation mit den Wählern, wie einige tiefgründige Gespräche mit den Wählern gezeigt haben. Leider ist die Reichweite dieser Plattform neuerdings stark reduziert worden, weshalb ernsthaft überlegt werden muss, ob Facebook weiterhin mit den einhergehenden Kosten als Wahlkampfelement genutzt wird. Grundsätzlich muss bedacht werden, dass auch Twitter vermutlich nicht ewig dazu in der Lage sein wird, die organische Reichweite verschiedenster Tweets zu garantieren. Facebook ist im Vergleich zu anderen Marketingwerkzeugen wie der Werbung per Rundfunk oder Fernsehen noch vergleichsweise günstig. Sei es beispielsweise intendiert die 50.000 Abonnenten eines Politikers via Mail erreichen, so würde dies 177 Euro kosten[7] und diverse Nachrichten würden ungesehen in den Spamordnern landen. Deshalb ist Facebook bei adäquater Verwendung und richtiger Ermittlung der Zielgruppen noch immer ein effizientes Marketingelement mit geringem Streuverlust. Twitter hat eine solche Regulierung der organischen Reichweite noch nicht umgesetzt und eignet sich deswegen, und auch wegen der höheren Followerzahlen besser, um möglichst viele Menschen zu erreichen. Grundsätzlich bietet Twitter auch Vorteile in der konkret politischen Kommunikation, da eine hohe Responsivität vorliegt und alle Inhalte via # programmatisch und inhaltlich geordnet werden, was die Archivierung aller Inhalte zu einem Themenkomplex enorm erleichtert. Das die hohe Responsivität leider nicht zu den profunderen Dialogen geführt hat, welche eher bei Facebook vorzufinden waren, liegt jedoch nicht an der technischen Beschaffenheit der Plattform, sondern lediglich an deren Nutzern, da vereinzelte Politiker (Bsp.Volker Beck) auch hier in ein bis drei Posts relativ lange und aufwändige Antworten verfasst haben. Die Begrenzung auf 140 Schriftzeichen als alleinige Ursache dessen zu nennen, wäre ziemlich einfallslos und ist leicht zu umgehen. Zudem weisen Twitter und Facebook einen klaren Nutzer- und Rezipientenvorteil gegenüber dem Vorgängermodell des politischen Chats auf, nämlich die unmittelbare Direktheit der Beiträge. In den beiden Plattformen kommt es nicht zu den für politische Statements typischen „*Kaschierungsstrategien*", welche das Ausweichen vor gestellten Fragen impliziert (Klein, 1998:189). In politischen Talkshows, älteren Chatmodellen, Podiumsdiskussionen und anderen öffentlichkeitswirksamen PR-Maßnahmen konnte es auf Grund einer zu starken Selektion vorkommen, dass Fragen nicht gehört oder zu weit zurücklagen. Dies wird durch Retweets, Hasthags und das Teilen vergangener Beiträge auf ein Minimum reduziert.

---

[7] Wert beruht auf einem günstigen Anbieter für Webmails, mailchimp.com, zuletzt aufgerufen am: 05.05.15.

3. Fazit & Ausblick

Zur Verifizierung der anfänglich geäußerten Thesen sollen diese nochmals, im ursprünglichen Wortlaut, in Erinnerung gerufen werden:

1. These: Es ist davon auszugehen, dass die medialen Einflüsse des Internets und der sozialen Netzwerke die politische Kommunikation maßgeblich verändern können. Diese Änderungen manifestieren sich vor allem in der direkten politischen Diskussion und Interaktion, insbesondere bei öffentlich[8] einzusehenden Diskussionen auf den visuellen Plattformen. Die Interaktions- und Antwortmechanismen der sozialen Netzwerke haben die politische Beteiligung an öffentlichen Dialogen gesteigert. Die Partizipation einer gesamtgesellschaftlich repräsentativen Masse hat sich dabei, vor allem durch die ausbleibende räumliche und zeitliche Distanz, maßgeblich verbessert. Diese Änderungen manifestieren sich unabhängig von Alter und Geschlecht der Bürger.

2. Twitter und Facebook eignen sich hinsichtlich der parteipolitischen PR und der personalzentrierten Inszenierung und Wahlkampfführung beide gleichermaßen. Die Unterschiede zwischen den beiden Netzwerken basieren weitestgehend auf technischer Ebene, weshalb keine Einflüsse auf die Kommunikations- und Informationsvorgänge zu erwarten sind, welche den Wahlkampf maßgeblich bestimmen.

Die 1. These lässt sich definitiv bejahen, wobei die Veränderungen nicht ausreichend empirisch belegbar sind. Dazu fehlt es noch an exakten wissenschaftlichen Studien, denen es gelingt, alle sozialen, politischen und technischen Parameter zu vereinen.

Grundsätzlich bietet die im Internet anherrschende Parität zwischen Politikern und Bürgern eine ideale Diskussionsgrundlage. Persönliche Hemmnisse, Scheu oder auch lokal zu überwindende Distanz stehen dem wirklichen Dialog zwischen Wähler und Politiker nicht länger entgegen, weshalb eine neue Form der Direktheit hinsichtlich der Kommunikation entsteht. Dies hat nicht zuletzt auch psychologische Vorteile, da der Wähler sich in Folge der Egalität ernst genommen und respektiert fühlt und zudem in seiner Rolle vom vormals rein passiven Rezipienten[9] des

---

[8] Öffentlich bezieht sich in diesem Kontext auf die Einstellung bei Facebook, welche Beiträge in die Kategorien: „öffentlich, geheim, nur Freunde" unterteilt.

[9] Sicherlich gab es auch zuvor schon politisch aktive Bürger, die außerhalb von Parteien politisch aktiv waren, jedoch war dies mit größeren Bemühungen verbunden.

Fernsehwahlkampfes zum aktiv gestaltenden Medienschaffenden avancieren kann, ohne dabei sein Haus verlassen zu müssen. Abgesehen von den psychologischen Vorteilen der webbasierten PR ergeben sich aus den Neuerungen auch einige rein praktische Vorteile für die politische Kommunikation.

Wie hinreichend festgestellt wurde, haben die Netzwerke Twitter und Facebook ein enormes Potenzial die Kommunikation, Interaktion, Partizipation als auch die Informationskultur nachhaltig zu verändern. Dieses Potenzial besteht nicht bloß im Hinblick auf den privaten Anwendungsbereich der Netzwerke, sondern insbesondere für den politischen PR-Bereich. Wie die Revolutionen und Unruhen, welche als Hauptauslöser für den arabischen Frühling interpretiert werden, gezeigt haben, verbirgt sich hinter den sozialen Plattformen und Netzwerken auch ein großes Demokratie- und Revolutionspotenzial, welches bei adäquater Nutzung auch zu erstrebenswerten gesellschaftlichen Veränderungen führen kann und die Demokratie im Sinne einer Mediokratie positiv beeinflussen kann. Insgesamt bringen die technischen Vorteile der Netzwerke wie die virtuelle Echtzeit-Kommunikation, die Möglichkeit der One-to-many-Kommnikation, eine vielseitige und rapide Interaktion mittels diverser Operatoren und Antwortmöglichkeiten als auch die ausbleibende räumliche und lokale Differenz kaum widerlegbare Vorteile mit sich. Alle diese praktischen Aspekte könnten der mangelnden Motivation der Wählerschaft zuträglich sein, zumindest sofern diese auf Bequemlichkeit und nicht auf mangelndes Interesse zurückzuführen ist. Letzteres kann auch mit den gesamten Vorzügen des Internets nicht umgangen werden. Die Tatsache, dass die sozialen Netzwerke im Wahlkampf und politischen Dialog überwiegend von Personen mit mittelmäßig bis ausgeprägten Interesse an politischen Debatten zur Informationsbeschaffung verwendet werden, kann grundsätzlich zwar vielseitig interpretiert werden. Prinzipiell sollte diesbezüglich jedoch bedacht werden, dass ein rudimentäres Mindestmaß an politischem Interesse von keinerlei denkbarem Informationsmedium ersetzt werden kann, weshalb diese Tatsache keinesfalls als Argument gegen die Online-PR zu verstehen sein sollte.

Ungeachtet dessen gehen mit nahezu jeder Innovation auch potenzielle Nachteile einher. Bisher haben sich im Kontext politischer Umbrüche bloß die positiven Aspekte der Netzwerke manifestiert. Kaum vorzustellen ist hingegen bislang, wie enorm das manipulativen Potenzial im Rahmen totalitärer Regime sein muss, die eine starke Regulierung und Steuerung der Netzwerke vornehmen. Der Aspekt *Governance,* welcher sämtliche Regulierungsaspekte im Web impliziert, wurde in 1.2.2 bereits thematisiert und soll deswegen nicht weiter bedacht werden. Grundsätzlich bleibt hinsichtlich der Inhalte im Web bloß zu hoffen, dass jeder Mensch eine Selektion nach seinen eigenen Maßstäben vornimmt, da im Internet nicht nachzuvollziehen ist, wer die Inhalte inseriert hat. Das gedankliche als auch das rein rechtliche Urheberrecht werden in Zeiten der webbasierten Kommunikation sicherlich zunehmend tangiert werden, weshalb Quellen noch gründlicher auf ihre Seriosität und Verlässlichkeit überprüft werden müssen, als in der realen Informationskultur.

Insgesamt denke ich, dass das Internet als Medium, genauer gesagt auch das Social Web, ein nutzvolles Instrument für den Online-Wahlkampf und den politischen Dialog im Gesamten ist. Generell sollte jedoch hinsichtlich der zukünftigen Wahlkämpfe keine Entweder-oder-Entscheidung getroffen werden, was die Auswahl der verwendeten Medien angeht. Prinzipiell eignet sich jedes Medium für einen gewissen Anwendungsbereich mehr oder minder, weshalb hier eher Wirkungsforschung betrieben werden sollte, um die Vorgehensweisen und Handlungsoptionen zukünftiger Politiker zu optimieren. Ein virtueller Dialog mit Abgeordneten kann zwar Antworten liefern, die virtuelle Face-to-Face-Kommunikation jedoch nicht gänzlich ersetzen.

Das Internet und die daraus entstandenen Plattformen, werden sich vermutlich langfristig als Wahlkampfelemente etablieren, weshalb diesbezüglich weiterhin Expertise zu sammeln ist. Die direkte Möglichkeit der virtuellen Interaktion und Responsivität sorgt jedenfalls für eine authentischere Gesprächssituation als TV-Duelle oder gefilmte Bundestagssitzungen, weshalb zukünftig zu hoffen bleibt, dass insgesamt eine Steigerung des politischen Engagements und der Partizipation zu verzeichnen sein wird. Sicherlich sind der zu erwartenden Responsivität auch Grenzen gesetzt, da ein politischer Dialog bestenfalls voraussetzt, dass der Politiker die Tweets und Posts tatsächlich selbst formuliert, zumindest jedoch ein Angehöriger seines politischen Teams. Dies ist jedoch nur bis zu einer gewissen Kapazitätsgrenze möglich, da es andernfalls zu Überlastungen kommen würde und die Authentizität nicht länger gewahrt wäre. Diese Kapazitätsgrenze trifft jedoch auf nahezu jedwede politische Diskussion zu und ist nicht von existenzieller Bedrohung, da das Kontingent an Fragen auch nicht unerschöpflich ist. Ein gesellschaftlich-repräsentativer Anstieg der politischen Partizipation ist als Folge dessen jedoch eine kaum messbare Größe, da für den Nachweis einer Korrelation zwischen politischer PR und der Wahlbeteiligung der Bürger diverse schwer zu eruierende Parameter zu berücksichtigen wären.

Bislang hat sich seit der Einführung des Internets weder ein substanzieller Anstieg der Wahlbeteiligung noch eine Fluktuation verschiedener Wählergruppen beobachten lassen. Ungeachtet dessen ergeben sich jedoch für den rein kommunikativen Rahmen diverse, meist positiv zu erachtende, Neuerungen für den Bürger und Wähler. Insgesamt bleibt hinsichtlich der zukünftigen Entwicklung zu beobachten, ob die häufig thematisierten Online-Wahlen eventuell zu einer Simplifizierung des Wahlvorgangs und einer damit einhergehenden, steigenden Beteiligung in Verbindung gebracht werden können. Grundsätzlich lässt sich für die zukünftige Gestaltung des

Wahlkampfes die Tendenz erkennen, dass eine technisch-programmatische Sichtweise gegenüber inhaltlich-programmatischen Interessen eher an Bedeutung gewinnt und zunehmend profiliert werden sollte (Holtz-Bacha, 2002:47). Vorsicht ist dennoch geboten, wenn es um die Personalisierung einzelner Politiker im Wahlkampf geht, da die Zentralisierung auch Nachteile für die Parteien bedeuten kann. Die 2. These lässt sich nicht so eindeutig mit Ja oder Nein beantworten wie die 1. These. Grundsätzlich lässt sich konstatieren, dass beide Netzwerke ihre Vor- und Nachteile haben, welche in den jeweiligen Kapiteln 2.1 und 2.2 genauer beschrieben sind. Pauschal lässt sich sagen, dass sich mit Twitter eine größere Masse an Menschen erreichen lässt und zudem eine einfache, zumindest oberflächliche Informationsbeschaffung ermöglicht wird. Facebook hingegen ist in seiner Reichweite beschränkter und je nach Präferenzen mit hohen Kosten verbunden, weshalb hier eher geringere Menschenmengen angesprochen werden können. Grundsätzlich konnten hier jedoch einige profundere und substanziellere Gespräche beobachtet werden, welche in Twitter hingegen eher an der Peripherie gescheitert sind. Diesbezüglich kann jedoch nicht festgestellt werden, ob es in Twitter nicht auch tiefgreifendere Gespräche zwischen Politikern und Bürgern gibt, da bloß 10 Accounts ausgewertet wurden. Grundsätzlich lässt sich an diesen Beobachtungen lediglich eine Tendenz erkennen, die keinerlei Anspruch auf Absolutheit besitzt. Insgesamt wäre es für Politiker und deren Team wohl am sinnvollsten, eine Symbiose aus beiden Netzwerken für ihre Werbung und PR zu nutzen, da die beiden Plattformen inzwischen miteinander verbunden sind und sich somit höchst effektive Synergien ergeben können.

Literaturverzeichnis

Ackermann, Judith (2011): Masken und Maskierungsstrategien - Identität und Identifikation im Sozialen Netz, in: **Anastasiadis, Mario; Thimm, Caja (Hrsg.) (2011):** Social Media, Theorie und Praxis digitaler Sozialität, Peter Lang GmbH, Frankfurt am Main.

Anastasiadis, Mario; Thimm, Caja (Hrsg.) (2011): Social Media, Theorie und Praxis digitaler Sozialität, Peter Lang GmbH, Frankfurt am Main.

Arnold, Klaus; Classen, Christoph; Kinnebrock, Susanne; Lersch, Edgar; Wagner, Hans-Ulrich (Hg.) (2010): Von der Politisierung der Medien zur Medialisierung des Politischen ? Zum Verhältnis von Medien, Öffentlichkeit, und Politik im 20. Jahrhundert, Leipziger Universitätsverlag GmbH, Leipzig.

Diekmannshenke, Hajo (2005): Mitwirkung von Allen? Demokratische Kommunikation im Chat, in: **Kilian, Jörg (Hg.) (2005):** Sprache und Politik, Deutsch im demokratischen Staat, Dudenverlag, Mannheim, Leipzig, Wien, Zürich. 258-272.

Fraas, Claudia; Meier, Stefan; Pentzold, Christian (2012): Online Kommunikation, Grundlagen, Praxisfelder und Methoden, Oldenbourg Verlag mbH, München.

Göttlich, Udo; Winter, Rainer (Hrsg.) (2000): Politik des Vergnügens, Zur Diskussion der Populärkultur in den Cultural Studies, Herbert von Halem Verlag, Köln.

Kilian, Jörg (Hg.) (2005): Sprache und Politik, Deutsch im demokratischen Staat, Dudenverlag, Mannheim, Leipzig, Wien, Zürich.

Klein, Josef (1998): Politische Kommunikation - Sprachwissenschaftliche Perspektiven. In: Otfried Jarren / Ulrich Sarcinelli / Ulrich Saxer (Hg.): Politische Kommunikation in der demokratischen Gesellschaft. Ein Handbuch mit Lexikonteil. Opladen/Wiesbaden: Westdeutscher Verlag, 186 - 210

Perrin, Daniel (2011): Medienlinguistik, 2.,überarbeitete Auflage, UVK Verlagsgesellschaft mbH, Konstanz.

Rhomberg, Markus (2009): Politische Kommunikation, Wilhelm Fink GmbH & Co. Verlags-Ag, Paderborn.

Schulz, Winfried (2008): Politische Kommunikation, Theoretische Ansätze und Ergebnisse empirischer Forschung, 2., vollständig überarbeitete und erweiterte Auflage, VS Verlag für Sozialwissenschaften, Wiesbaden.

Thimm, Caja; Dang-Anh; Einspänner (2011): Diskurssystem Twitter: Semiotische und handlungstheoretische Perspektiven, in: **Anastasiadis, Mario; Thimm, Caja (Hrsg.) (2011):** Social Media, Theorie und Praxis digitaler Sozialität, Peter Lang GmbH, Frankfurt am Main.

Thimm, Caja (2011): Ökosystem Internet, Zur Theorie digitaler Sozialität, in: **Anastasiadis, Mario; Thimm, Caja (Hrsg.) (2011):** Social Media, Theorie und Praxis digitaler Sozialität, Peter Lang GmbH, Frankfurt am Main.

Wegmann, Maike (2011): „Franky goes Web 2.0" - Der SPD-Wahlkampf im Netz, in:
Anastasiadis, Mario; Thimm, Caja (Hrsg.) (2011): Social Media, Theorie und Praxis digitaler
Sozialität, Peter Lang GmbH, Frankfurt am Main.

Zalkau, Frauke (2011): Twitternde Redaktion — Neuer Journalismus durch Web 2.0 ? in:
Anastasiadis, Mario; Thimm, Caja (Hrsg.) (2011): Social Media, Theorie und Praxis
digitaler Sozialität, Peter Lang GmbH, Frankfurt am Main.

Internetquellen:

http://www.udldigital.de/twitter_politik/, zuletzt aufgerufen am: 03.05.15 14:30

http://www.udldigital.de/neuer-facebook-leitfaden-fuer-politiker/, zuletzt aufgerufen am:
02.05.15 17:20

http://www.rp-online.de/nrw/landespolitik/junge-union-fordert-twitter-
ruecktritt- aid-1.2930755, zuletzt aufgerufen am: 03.05.15 14:40

www.mailchimp.com, zuletzt aufgerufen am 04.05.15: 07:30

Bildquellen:

Twitter-Account: Angela Merkel. **https://twitter.com/Angie_Merkel**, zuletzt aufgerufen am
30.07.2015 12:00

Twitter-Account: Gregor Gysi. **https://twitter.com/GregorGysi**, zuletzt aufgerufen am
30.07.2015 12:00

Twitter-Account: Bernd Lucke. **https://twitter.com/BerndLucke**, zuletzt aufgerufen am
30.07.2015 12:00

Twitter-Account: Volker Beck. **https://twitter.com/Volker_Beck**, zuletzt aufgerufen am
30.07.2015 12:00

Twitter-Account: Claus Kleber. **https://twitter.com/ClausKleber**, zuletzt aufgerufen am
30.07.2015 12:00

Twitter-Account: Gerhard Schröder. **https://twitter.com/gerdschroeder**, zuletzt aufgerufen
am 30.07.2015 12:00

Twitter-Account: Erika Steinbach. **https://twitter.com/SteinbachErika**, zuletzt aufgerufen
am 30.07.2015 12:00

Facebook-Account: Katja Kipping **https://de-de.facebook.com/KatjaKipping**, zuletzt
aufgerufen am 30.07.2015 12:00

Facebook-Account: Sigmar Gabriel **https://de-de.facebook.com/sigmar.gabriel**, zuletzt
aufgerufen am 30.07.2015 12:00

BEI GRIN MACHT SICH IHR
WISSEN BEZAHLT

- Wir veröffentlichen Ihre Hausarbeit,
  Bachelor- und Masterarbeit

- Ihr eigenes eBook und Buch -
  weltweit in allen wichtigen Shops

- Verdienen Sie an jedem Verkauf

Jetzt bei www.GRIN.com hochladen
und kostenlos publizieren